BEI GRIN MACHT SICH IHR WISSEN BEZAHLT

- Wir veröffentlichen Ihre Hausarbeit,
  Bachelor- und Masterarbeit

- Ihr eigenes eBook und Buch -
  weltweit in allen wichtigen Shops

- Verdienen Sie an jedem Verkauf

Jetzt bei www.GRIN.com hochladen
und kostenlos publizieren

Bibliografische Information der Deutschen Nationalbibliothek:

Die Deutsche Bibliothek verzeichnet diese Publikation in der Deutschen National-
bibliografie; detaillierte bibliografische Daten sind im Internet über http://dnb.d-
nb.de/ abrufbar.

Impressum:

Copyright © 2017 GRIN Verlag
Druck und Bindung: Books on Demand GmbH, Norderstedt Germany
ISBN: 9783668635777

Dieses Buch bei GRIN:

https://www.grin.com/document/412236

S-M. T.

Konzeption eines Gruppentrainings. Planung einer Wirbelsäulengymnastik

GRIN Verlag

GRIN - Your knowledge has value

Der GRIN Verlag publiziert seit 1998 wissenschaftliche Arbeiten von Studenten, Hochschullehrern und anderen Akademikern als eBook und gedrucktes Buch. Die Verlagswebsite www.grin.com ist die ideale Plattform zur Veröffentlichung von Hausarbeiten, Abschlussarbeiten, wissenschaftlichen Aufsätzen, Dissertationen und Fachbüchern.

Besuchen Sie uns im Internet:

http://www.grin.com/

http://www.facebook.com/grincom

http://www.twitter.com/grin_com

Deutsche Hochschule für

Prävention und Gesundheitsmanagement

Hermann Neuberger Sportschule 3

66123 Saarbrücken

Einsendeaufgabe

Fachmodul:	Gruppentraining 1
Studiengang:	Fitnesstraining
Datum **Präsenzphase**	**15.05.2017-18.05.2017**
Studienort:	**Frankfurt (Eschborn-Süd)**
Semester:	**WS 16**

Inhalt

1 Motorische Fähigkeiten im Kursbereich

1.1 Kraft

„Kraftfähigkeit ist die konditionelle Basis für Muskelleistungen mit Krafteinsätzen, deren Werte über 30 Prozent der jeweils realisierbaren Maxima liegen" (Martin, Carl & Lehnertz, 1993, Zitiert nach Eifler, Studienbrief, Gruppentraining 1, 2017, S.21).

Abgesehen von der allgemeinen Definition der Kraft, gibt es drei verschiedene Untergliederungen der Kraft, die sich wie folgt definieren lassen:

„Die Maximalkraft ist die höchstmögliche realisierbare Kraft, die das Nerv-Muskel-System bei maximaler willkürlicher Kontraktion auszuüben vermag." (Martin et al., 1993, Zitiert nach Eifler, Gruppentraining 1, S.22).

„Schnellkraft ist die Fähigkeit, innerhalb kürzester Zeit einen möglichst hohen Kraftstoß zu realisieren" (Martin et al., 1993, Zitiert nach Eifler, Studienbrief, Gruppentraining 1, S.22).

„Die Kraftausdauer charakterisiert die Widerstandsfähigkeit gegen Ermüdung bei statischer oder dynamischer Arbeitsweise der Muskulatur gegen höhere Lasten (mehr als 30 Prozent der Maximalkraft). Die Kraftausdauer kennzeichnet damit die Fähigkeit, den Kraftverlust bei einer bestimmten Wiederholungsanzahl von Kraftstößen innerhalb eines bestimmten Zeitraums möglichst gering zu halten" (Martin et al., 1993, Zitiert nach Eifler, Studienbrief, Gruppentraining 1, S.22).

1.1.1 Beispiele um die Kraftfähigkeit im Kursbereich zu trainieren

Die erste Übung ist der Unterarmstütz. Eine sehr gute Übung, um die gesamte Rumpfmuskulatur zu stärken, besonders die Bauchmuskulatur und die Schultern müssen gut angespannt werden.

In der Ausgangsposition befindet man sich in der Bauchlage mit gestreckten Beinen und aufgestellten Zehenspitzen. Die Ellenbogen werden unter der Schulter platziert und die Unterarme liegen fest auf dem Boden. Im Bewegungsablauf spannt man nun die gesamte Rumpfmuskulatur fest an und hebt Becken und Knie vom Boden ab. Der gesamte Körper bildet nun eine gerade Linie, der Blick richtet sich Richtung Boden und die Übung wird so statisch gehalten. Wichtig hierbei ist; weder ins Hohlkreuz, noch in den Rundrücken zu verfallen und gleichmäßig weiterzuatmen. In der Endposition senkt man langsam Becken und Knie wieder Richtung Boden ab und löst die Spannung bis man sich in der Ausgangsposition befindet. Die Erscheinungsform dieser Übung ist die Kraftausdauer, da man mit der dauerhaften Spannung die Widerstandsfähigkeit des Körpers gegen die Ermüdung trainiert. Es sollte mit drei Sätzen und einer Wiederholung mit einer Haltezeit von 30 Sekunden trainiert werden. Je nach Leistungsstand des Trainierenden kann die Haltezeit natürlich auch länger ausfallen.

Das zweite Übungsbeispiel ist der Hocksprung. Mit dieser Übung trainiert man seine Sprungkraft und somit die Bein- und Rumpfbeugemuskulatur.

In der Ausgangsposition befindet man sich im Schulterbreiten Stand, beide Füße fest auf dem Boden. Im Bewegungsablauf werden die Knie nun leicht gebeugt, um dann mit Schwung hoch zu springen und die Knie Richtung Brust zu ziehen. Beim Runterkommen, durch das leichte Beugen der Knie gut abfedern und wieder mit beiden Füßen fest auf dem Boden stehen. Wichtig hierbei ist, dass die Bewegung von keinem Trainierenden mit Knie- oder Bandscheibenproblemen auszuführen ist. In der Endposition stehen beide Füße fest auf dem Boden und der Körper bereitet sich auf den nächsten Sprung vor, um die Bewegung zu wiederholen. Die Erscheinungsform dieser Übung ist die Schnellkraft, da man mit dem schnellen Hochziehen, die Nervenleitgeschwindigkeit trainiert. Es sollte mit drei Sätzen und zehn Wiederholung trainiert werden. Je nach Leistungsstand des Trainierenden kann die Wiederholungszahl natürlich auch höher ausfallen.

1.2 Ausdauer

„Ausdauer ist die Fähigkeit, physisch und psychisch lange einer Belastung zu widerstehen, deren Intensität und Dauer letztendlich zu einer unüberwindbaren (manifesten) Ermüdung (=Leistungseinbuße) führt, und/oder sich nach physischen und psychischen Belastungen rasch zu regenerieren" (Zintl, 1997, Zitiert nach Eifler, Studienbrief, Gruppentraining 1, S. 24).

Auch die Ausdauer kann man in verschiedene Untergliederungen aufteilen. Es gibt die aerobe Ausdauer, wo den Muskelzellen genug Sauerstoff zur Verfügung um oxidativ Kohlenhydrate und Fettsäuren in Mitochondrien zu verbrennen. Bei einer Belastungsintensität herrscht ein Gleichgewicht zwischen Sauerstoffaufnahme und -verbrauch, wodurch man Belastungen länger aushalten kann (Bsp: Moderater Dauerlauf). Bei der anaeroben Ausdauer finden Energiebereitstellungsprozesse in der Muskelzelle ohne Beteiligung von Sauerstoff statt. Als Endprodukt fällt Laktat an, welches die Energiebereitstellungsprozesse im Muskel erheblich hemmt. Belastungen können nicht mehr so lange ausgehalten werden (Bsp: 400m Sprint).

Desweiteren unterscheidet man zwischen allgemeiner und lokaler Ausdauer. Die Kriterien hier sind die Beteiligung der Muskulatur, wird mehr als ein Sechstel eingesetzt (z.b. beim Schwimmen) spricht man von der allgemeinen Ausdauer, bei weniger als ein Sechstel, von der lokalen.

Als weitere Unterscheidung ist die statische und dynamische Ausdauer zu nennen. Ersteres findet man vor, wenn die Muskellänge gleich bleibt (z.b. bei einer Haltearbeit), aber die Muskelspannung sich verändert. Hierdurch werden die Blutgefäße im Muskel komprimiert, sodass die Energiebereitstellung von aerob zu anaerob wechselt. Bei der dynamischen Ausdauer wechselt die Spannung und Entspannung im Muskel, was zur Folge hat, dass die Energiebereitstellung dauerhaft aerob erfolgen kann.

Als letztes kann in Kurzzeit-, Mittelzeit- und Langzeitausdauer eingeteilt werden, welche nach der jeweiligen Dauer der Belastung und den damit verbundenen Anforderungen an den Energiestoffwechsel richtet.

1.2.1 Beispiele um die Ausdauer im Kursbereich zu trainieren

Als erstes Beispiel ist der March-Schritt zu nennen, welcher ein Element aus Aerobic Stunden ist und oft zur allgemeinen Aufwärmung verwendet wird. Man steht hüftbreit auseinander und hebt abwechselnd die Füße bzw. die Knie zu einem 90° Winkel zur Hüfte an und geht somit auf der Stelle zum Takt der Musik 45 Sekunden lang. Der Schritt liegt im Bereich der Kurzzeitausdauer, da er meist zwischen 35 und 120 Sekunden ausgeführt wird.

Ein zweites Beispiel ist der Ausfallschritt. Er gehört zu der dynamischen Ausdauerbelastung, da das Bein abwechselnd angespannt und entspannt wird. Man steht in einer Schrittstellung mit einem Bein nach vorne, dann wird das hintere Knie Richtung Boden abgesenkt und wieder gehoben. Entweder erfolgt nun eine weitere Wiederholung mit demselben Bein oder es erfolgt ein Seitenwechsel, um erneut das hintere Knie zu beugen. In der Beugung und beim wieder hoch drücken erfolgt die Anspannung, im Stand die Entspannung. Pro Bein werden drei Sätze mit einer Wiederholungszahl von zehn durchgeführt.

1.3 Beweglichkeit

„Beweglichkeit ist die Fähigkeit, Bewegungen willkürlich und gezielt mit der erforderlichen bzw. optimalen Schwingungsweite der beteiligten Gelenke ausführen zu können" (Martin et al., 1993, Zitiert nach Eifler, Studienbrief, Gruppentraining 1, S.29).

Zu den Einflussfaktoren zählen unter anderem die Dehnfähigkeit, Alter, Geschlecht, Psyche, Temperatur und der Ermüdungsgrad der Muskulatur.

1.3.1 Beispiele um die Beweglichkeit im Kursbereich zu trainieren

Das erste Dehnungsbeispiel wird aktiv, statisch durchgeführt und dehnt die Wadenmuskulatur. Aus dem hüftbreiten Stand wird die re./li. Ferse ein Stück nach vorne gestellt und die Zehenspitze zieht nach oben Richtung Schienbein und hält dort für ca. 40 Sekunden, dann langsam lösen und das Bein wechseln.

Für ein passiv, dynamisches Dehnungsbeispiel wird die Brustmuskulatur mit Hilfe eines Partners gedehnt. Es wird sich auf einen Stuhl/Hocker o.ä. gesetzt und der Partner stellt sich hinter den Rücken des Sitzenden. Die Arm befinden sich in U-Haltung neben dem Kopf, sodass der Partner die Ellenbogen fassen kann und sie langsam zurückzieht wieder etwas löst und nochmals zurückzieht. Bei mehrfachem Wiederholen sollte es jedes mal ein Stück weitergehen.

1.4 Koordination

„Aus neuromuskulärer Sicht bezeichnet Koordination das Zusammenwirken von Zentralnervensystem und Skelettmuskulatur innerhalb eines gezielten Bewegungsablaufes" (Hollmann & Hettinger, 1990, Zitiert nach Eifler, Studienbrief, Gruppentraining 1, S.32).

Es wird allerdings zwischen intramuskulärer Koordination und intermuskulärer Koordination unterschieden. Der Unterschied befindet sich darin, dass bei der intramuskulären Koordination das Zusammenspiel von Nerv und Muskelfaser innerhalb eines Muskels bei einer Bewegung gemeint ist und bei der intermuskulären Koordination das Zusammenspiel von mehreren, an einer Bewegung beteiligten, Muskeln.

1.4.1 Beispiele um die intermuskuläre Koordination im Kursbereich zu trainieren

Beispiel 1: Diagonales Arm-/ Beinheben im Vierfüßlerstand. Die Kursteilnehmer befinden sich im Vierfüßlerstand und lösen langsam den re./li. Arm und das diagonale Bein dazu und strecken es in einer Linie mit dem Rücken nach vorne bzw. nach hinten aus. Hier kann entweder eine statische Haltung erfolgen oder eine Bewegung zurück Richtung Boden und wieder in die Streckung abwechselnd. So arbeiten Rücken-, Arm-, Bein- und Gesäßmuskulatur zusammen.

Beispiel 2: Standwaage. Die Kursteilnehmer stehen im hüftbreiten Stand, Ellenbogen am Körper, Unterarme parallel zum Boden. Nun verlagern sie das Gewicht auf einen Fuß und lösen den anderen vom Boden und strecken das gesamte Bein nach hinten. Hierbei geht gleichzeitig der Oberkörper nach vorne, sodass der Körper mit dem abgestrecktem Bein eine Parallele zum Boden bildet. So arbeiten Bein-, Rücken- und Gesäßmuskulatur zusammen.

2 Externe Bedingungen einer Kurseinheit

Abgesehen von der inhaltlichen Planung einer Kursstunde, müssen diverse externe Bedingungen beachtet werden, die Auswirkungen auf den Ablauf und die Planung haben können. Einen großen Einfluss haben die Rahmenbedingungen, die vor einem Kurs geprüft werden müssen, z.B. die Räumlichkeiten, wo der Kurs stattfinden soll. Die Größe und der Aufbau eines Raumes sollten bekannt sein, damit nicht für eine zu große Gruppe geplant wird und Platzprobleme auftreten. Bei zu wenig Platz wäre eine Folge, dass die Übungen nicht korrekt ausgeführt werden und das Verletzungsrisiko steigt. Ein zweites Beispiel ist die Ausstattung. Es sollte vorher bekannt sein, welches Equipment in welcher Anzahl zur Verfügung steht. Werden nicht vorhandene Hilfsmittel eingeplant muss der Trainer während der Kursstunde flexibel reagieren und spontan umplanen. Hierdurch können Zeitverzögerungen oder Abweichungen von der Zielsetzung entstehen.

Desweiteren muss für den Kurs eine Zielgruppe festgelegt werden, für die geplant wird. Auf welches Leistungslevel ist die Kurseinheit ausgerichtet? Um eine Effektivität zu garantieren, muss dieses vorher bekannt sein. Wird eine Kursstunde zu intensiv oder komplex geplant, obwohl viele Einsteiger dabei sind, werden diese eventuell abgeschreckt und besuchen den Kurs kein wiederholtes mal. Anfängerkurse wiederum sind für Fortgeschrittene langweilig und steigern ihre Leistung nicht. Die maximale Gruppengröße sollte sich an den vorhandenen Räumlichkeiten, der Ausstattung und der Kurseinheit orientieren. Damit das Ziel einer Stunde erreicht werden kann, sollte die

Teilnehmeranzahl danach geplant werden, ob viele oder wenig Korrekturen notwendig sind. Ein Einsteigerkurs, z.B. sollte weniger Teilnehmer haben, damit der Kurstrainer mehr korrigieren kann und das Verletzungsrisiko verringern kann.

Zuletzt wirkt sich die Zielsetzung auf eine zu planende Kursstunde aus. Die Ziele lassen sich in lang-, mittel- und kurzfristige Ziele aufteilen und sollten grundsätzlich in einem Zusammenhang mit der Zielgruppe stehen. Die Grundlage von Gruppentrainingsangeboten bilden die allgemeinen, langfristigen Ziele. Sie dienen der Verbesserung der sportmotorischen Fähigkeiten (Kraft, Ausdauer, Koordination, Beweglichkeit) und beziehen sich auf den Gesamtprozess von mehreren Kursstunden über Monate und Jahre hinweg. Die mittelfristigen Ziele sind innerhalb einiger Wochen zu erreichen, beispielsweise von einem Einsteiger zu einem Fortgeschritten Trainierenden zu werden und die kurzfristigen Ziele lassen sich meist in einer Kurseinheit erreichen, z.B. das Erlernen einer Schrittfolge.

3   Kursplananalyse

Tabelle 1: Kursplan J's Sports&Health Club

Kursplan ab 01.05.2017						
Montag	Dienstag	Mittwoch	Donnerstag	Freitag	Samstag	Sonntag
Kinderbetreuung 10:00-12:00		Kinderbetreuung 10:00-12:00		Kinderbetreuung 10:00-12:00		
Core Training + 10:00-11:00		Functional Movement + 10:00-11:00		Pilates + 10:00-11:00	Kinderbetreuung 17:30-20:00	
Cycling + 11:00-12:00					Hot Iron + 11:00-12:00	Cycling + 11:00-12:00
	Kinderbetreuung 17:30-20:00	Kinderbetreuung 17:30-20:00	Kinderbetreuung 17:30-20:00		Deep Work + 12:00-13:00	
Kinderbetreuung 18:00-21:00	Zumba + 17:30-18:30	Core Training + 18:00-19:00	Zumba ++ 18:00-19:00	Kinderbetreuung 18:00-20:00		
Functional Movement ++ 18:00-19:30	Hot Iron ++ 18:30-19:30	Cycling + 19:00-20:00	Functional Movement + 19:00-20:00	Cycling ++ 18:30-19:30		
Hatha Yoga + 19:30-20:45	M.A.X. + 19:30-20:00		Hatha Yoga ++ 20:00-21:15			
Legende:				Öffnungszeiten:		
+ Open Class (Keine Vorkenntnisse erforderlich) ++ Mittelstufe +++ Fortgeschrittene				Mo.- Fr. 08:00-22:00 Uhr Sa.-So. 10:00-19:00 Uhr		

Der abgebildete Kursplan ist aus dem J's Sports&Health Club in Hannover. Im Folgenden wird dieser aus wirtschaftlicher, organisatorischer und trainingswissenschaftlicher Sicht analysiert.

Der erste positiv auffallende Aspekt auf dem Kursplan ist die Kinderbetreuung, welche aus organisatorischer Sicht sehr gelungen ist, da die Betreuungszeiten passend zu den Kursen gelegt wurden. Eltern sind nicht auf Babysitter angewiesen und können sogar zusammen an einem Kurs teilnehmen. Dies könnte ein Grund sein sich für eine Anmeldung im Studio zu entscheiden und es weiterzuempfehlen, was sich wirtschaftlich gesehen rentieren wird.

Desweiteren findet der Cycling-Kurs mehrfach in der Woche statt, damit sich aus wirtschaftlicher Sicht auch die Anschaffung und die Wartung der teuren Räder rentiert. Aus organisatorischer Sicht ist es gelungen, dass der Kurs an unterschiedlichen Abenden etwas zeitversetzt, sowie am Wochenende etwas früher stattfindet, womit verschiedene Möglichkeiten geboten sind daran teilzunehmen.

Aus trainingswissenschaftlicher Sicht ist es gelungen, dass die Kurse in verschiedene Leistungsstufen eingeteilt sind, damit z.B. Einsteiger nicht überfordert in einem fortgeschrittenen Cycling Kurs sitzen und nicht wissen wie sie ihre Räder einstellen können. Die verschiedenen Stufen sind dem Plan über eine Legende leicht zu entnehmen.

Weiterhin ist es aus organisatorischer Sicht gelungen auch Wochenendkurse anzubieten, für die Trainierenden, die es innerhalb der Woche nicht zu den Kurszeiten schaffen. Der Hot Iron Kurs am Wochenende z.B. ist ein Einsteigerkurs an dem alle dann entspannt teilnehmen können und ohne Reststress von der Arbeit die Übungen erlernen können.

Nicht sonderlich gelungen ist es, dass gewisse Kurse wie z.B. Pilates nur einmal innerhalb der Woche und dazu morgens stattfinden, sodass gar nicht jeder Trainierende die Möglichkeit hat, aufgrund von Arbeit, daran teilzunehmen. Den Kurs nochmal an einem Abend anzubieten oder an einem Wochenendtag würde aus organisatorischer und auch trainingswissenschaftlicher Sicht zu empfehlen sein.

Als letzten Aspekt ist zu nennen, dass es zwischen den Kursen keine Übergangszeiten gibt. Sie knüpfen von der Uhrzeit her nahtlos aneinander an und geben den Trainern somit keine Vorbereitungszeit im Raum oder Lüftungspausen. Aus organisatorischer Sicht wäre es sinnvoll, ca 10 Minuten Übergangszeit zwischen den Kursen einzubauen, damit alle Kurse rechtzeitig beginnen und aufhören können. Eine Alternative wäre es auch, alle Kurse um 5 Minuten zu verkürzen. Diese 5 Minuten dienen dann zum Lüften, Trinken, Musik-oder Raumwechsel und wirkt sich positiv auf die Kommunikation der Mitglieder aus.

4   Planung einer Wirbelsäulengymnastik (WSG)

4.1   Zielgruppe

Tabelle 2: Zielgruppe der WSG

Gruppengröße	max. 12
Geschlecht	60% weibliche Teilnehmer 40% männliche Teilnehmer
Alter	25-45 Jahre
Leistungslevel/ Vorkenntnisse der Teilnehmer	Die Teilnehmer sind trainingserfahren und haben den Einsteigerkurs für WSG in den letzten 4 Monaten absolviert.

4.2   Material

In der Wirbelsäulengymnastik werden für die Kursstunde Gymnastikmatten benötigt.

4.3   Stundenplanung

Tabelle 3: Einleitung und Allgemeine Erwärmung

Phase 1: Einleitung   Dauer: 1 Minuten, ohne Musik

Begrüßung der Teilnehmer, Nennung der Stundenzielsetzung und allgemeinen Technik-, Trainings- und Sicherheitshinweise, Motivation

Phase 2: Allgemeine Erwärmung   Dauer: 5 Minuten (mit Musik, 125 bpm)

Methode: Lineare Progression (LP) , Aufstellungsform: Block Aufstellung (auf Lücke)

Ziel der Übungen	Übungsbe-zeichnung/ Name der Übung	Übungsbeschreibung	Belas-tungsgefüge	Bemerkungen/ Hinweise
1. Vorberei-tung für das Herz-Kreislauf-system	march re./li. + walking arms	Gehen auf der Stelle, aufgerichteter Oberkörper, Grundspannung, Blick gerade aus, Knie bis zu 90° anziehen, Füße von Ferse bis zum Ballen abrollen, Arme aktiv mitnehmen, leicht unter Spannung halten	40 Sekunden	Natürliche Wirbelsäulenform beibehalten, Schultern tief und locker. Ein Fuß ist immer am Boden. LP: Schritt + Armbewegung werden eingeführt
	march re./li. + shoulder circle back	Gehen auf der Stelle, aufgerichteter Oberkörper, Grundspannung, Blick gerade aus, Knie bis zu 90° anziehen, Füße von Ferse bis zum Ballen abrollen, Schultern rückwärts kreisen	43 Sekunden	Natürliche Wirbelsäulenform beibehalten, Schultern tief und locker. Ein Fuß ist immer am Boden. LP: Schritt bleibt, Armbewegung ändert sich

11

2. Mobilisation der großen Gelenke	Übungsbezeichnung/ Name der Übung	Übungsbeschreibung	Belastungsgefüge	Bemerkungen/ Hinweise
3. Anregung der Nervenleitgeschwindigkeit	side to side re./li. + shoulder circle back	Beine beugen, Gewicht auf re./li. Bein verlagern und die Beine wieder gestreckt. Dann tippt die li./re. Fußspitze auf den Boden. Füße von der Ferse bis zum Ballen abrollen, Schultern rückwärts kreisen.	43 Sekunden	Becken bleibt stabil, Beckenknochen zeigen nach vorne. Das Kniegelenk des Standbeines ist leicht gebeugt, Ferse bleibt auf dem Boden. LP: Armbewegung bleibt, Schritt ändert sich
4. Mentale Einstimmung auf die Stunde	side to side re./li. + shoulder circle front	Beine beugen, Gewicht auf re./li. Bein verlagern und die Beine wieder gestreckt. Dann tippt die li./re. Fußspitze auf den Boden. Füße von der Ferse bis zum Ballen abrollen, Schultern vorwärts kreisen.	43 Sekunden	Becken bleibt stabil, Beckenknochen zeigen nach vorne. Das Kniegelenk des Standbeines ist leicht gebeugt, Ferse bleibt auf dem Boden. LP: Schritt bleibt, Armbewegung ändert sich
	Step Touch re./li. + shoulder circle front	Aus Grundstellung macht das re./li. Bein einen Schritt zur Seite, andere Bein folgt der Bewegung und wird mit dem Ballen neben dem re./li. Bein aufgetippt, Füße von Fersen bis zum Ballen abrollen, Schultern vorwärts kreisen.	43 Sekunden	Die Knie zeigen in Richtung der Zehenspitzen, Kniegelenke bleiben hinter den Zehnspitzen. LP: Armbewegung bleibt, Schritt ändert sich
	Step Touch re./li. + Pump low	Aus Grundstellung macht das re./li. Bein einen Schritt zur Seite, andere Bein folgt der Bewegung und wird mit dem Ballen neben dem re./li. Bein aufgetippt, Arme vertikal nach unten drücken und wieder hoch ziehen	43 Sekunden	Die Knie zeigen in Richtung der Zehenspitzen, Kniegelenke bleiben hinter den Zehnspitzen. LP: Schritt bleibt, Armbewegung ändert sich
	Leg Curl re./li. + Pump low	Re./li. Knie beugen, re./li. Ferse bis an das Gesäß hoch ziehen. Füße vom Fersen bis zum Ballen abrollen, Arme vertikal nach unten drücken und wieder hoch ziehen	45 Sekunden	Knie des angezogenen Beines zeigt bei der Bewegung Richtung Boden. LP: Armbewegung bleibt, Schritt ändert sich

Tabelle 4: Spezielles Aufwärmen

Phase 3: spezielles Aufwärmen		Dauer: 3 Minuten (mit Musik, 120 bpm)		
Allgemeines Ziel: Vorbereitung der im Hauptteil hauptsächlich beanspruchten Muskulatur.				
Ziel der Übung	**Übungsbe-zeichnung/ Name der Übung**	**Übungsbeschreibung**	**Belas-tungsgefüge**	**Bemerkungen/ Hinweise**
Mobilisation der Wirbel-säule, Dehnung von Rückenstre-cker und Bauchdecke	Ein- und Aufrollen der Wirbelsäule	Hüftbreiter Stand, Knie leicht gebeugt, Hände auf Oberschenkeln abstützen, Oberkörper nach vorn neigen und den Kopf in Verlängerung der Wirbelsäule halten, Brustbein ist aufrichten und das Gesäß nach hinten unten gestreckt. Dann von der Lendenwirbelsäule beginnend den Rücken einrollen und wieder aufrollen.	36 Sekunden	Wirbel für Wirbel langsam ein- und aufrollen und gleichmäßig atmen. Ein- und Aufrollen im Wechsel
Dehnung der seitlichen Rumpfmusku-latur	Dehnung der seitlichen Rumpfmusku-latur (dynamisch)	leichter Grätschstand zur Seite, Arme gestreckt vom Körper abspreizen und seitlich über den Kopf halten. Becken gerade, Oberkörper leicht zur re./li. Seite neigen, zur Mittellinie zurück bewegen und zur gegenüberliegenden Seite die gleiche Dehnung ausführen. Durch aktives Ziehen des Armes der gedehnten Seite über Kopf: Dehnen verstärken und andersrum wieder lösen.	36 Sekunden	Dehnposition kontrolliert einnehmen und verlas-sen, Knie gebeugt, Blick nach vorn, Brustkorb aufgerichtet, gleichmäßig atmen
Mobilisation der Wirbel-säule Dehnung der hinteren Oberschen-kelmuskulatur und des Rückenstre-ckers	Diagonale Rumpfbeuge (Rotation der Wirbelsäule)	Schulterbreiter Stand, Oberkörper vor-gebeugt, Becken gerade und fest, ab-wechselnd mit re./lie. Arm bzw. Finger-spitze den li./re. Fuß berühren, anderer Arm rotiert Richtung Decke.	36 Sekunden	Dehnposition kontrolliert einnehmen und verlas-sen, Beine und Arme gestreckt, natürliche Wirbelsäulenform beibe-halten, gleichmäßig at-men
Dehnung des Rückenstre-ckers und der Bauchdecke	Dehnen des Rückenstre-ckers, dynamisch	Schulterbreiter Stand, Hände auf Knie gestützt, Bauchmuskulatur aktiv an-spannen und die Wirbelsäule nach oben zur Decke wölben, dann Bauchmuskula-tur etwas lösen, Wirbelsäule nach unten zum Boden strecken. Abwechselnd dehnen.	36 Sekunden	Dehnposition kontrolliert einnehmen und verlas-sen, Wirbelsäule nur im physiologischen Bewe-gungsspielraum wölben und strecken. Arme leicht gebeugt, Kopf in Verlängerung der Wir-belsäule.

13

Ziel der Übung	Übungsbe-zeichnung/ Name der Übung	Übungsbeschreibung	Belas-tungsgefüge	Bemerkungen/ Hinweise
Dehnung der seitlichen Rumpfmusku-latur Mobilisation der Wirbel-säule	Dehnung der seitlichen Rumpfmusku-latur in Rü-ckenlage (Dreh-Dehn-Lagerung)	Rückenlage, Beine 90° im Knie- und Hüftgelenk angewinkelt (Füße sind also in der Luft), Arme liegen 90° abgespreizt vom Körper am Boden. Nun die Beine zur re./li. Seite auf den Boden ablegen, Schultergürtel bleibt fest am Boden, aufrichten und zur anderen Seite ablegen	18 sek/ Seite halten	Dehnposition kontrolliert einnehmen und verlas-sen, gleichmäßig atmen. Am Ende rückengerecht in den aufrechten Stand zurückkommen

Tabelle 5: Hauptteil

Phase 4: Hauptteil   Dauer: 27 Minuten (mit Musik, 110 bpm)

Schwerpunkt: Kräftigung der rumpfstabilisierenden Muskeln

Ziel der Übung	Übungsbe-zeichnung/ Name der Übung	Übungsbeschreibung	Belas-tungsgefüge	Bemerkungen/ Hinweise
Kräftigung Rumpfmusku-latur: Rück-seite	Dynamisches + statisches Armheranzie-hen im Stand mit vorge-beugtem Oberkörper	Schulterbreiter Stand, Knie leicht gebeugt (ca.120°), Oberkörper vorge-beugt (90° zu Beinen), Arme in U-Haltung neben Kopf halten Arme neben dem Kopf lang strecken, halten und zurückführen zur U-Haltung	Sätze: 3 Wdh: 12 TUT: 2/1/2 Pause: 10 sek	Natürliche Wirbelsäulen-form beibehalten, fester Bauch, Blick schräg Richtung Boden, die Pausen werden mit dem statischen U-Halten der Arme gefüllt
Kräftigung unterer Rumpfmusku-latur	Wirbelsäulen-rotation im Kniestand	Kniestand, Oberkörper vorgebeugt (ca 45°), Fingerspitzen an den Schläfen, Ellenbogen nach außen gestreckt, Oberkörper nun maximal zur Seite rotieren, halten und über die Mitte zur anderen Seite drehen	Sätze: 3 Wdh: 6/ Seite TUT: 2/1/2 Pause: 10 sek	Natürliche Wirbelsäulen-form beibehalten, Bauch und Gesäß anspannen
Kräftigung Rumpfmusku-latur: Rück-seite, Kräfti-gung mittlerer Trapez	Butterfly reverse mit angewinkelten Armen im Kniestand vorgebeugt	Kniestand, Oberkörper vorgebeugt (ca 45°), Arme in U-Haltung neben den Kopf und vor dem Gesicht zusammen-führen, nun Arme nach hinten ziehen Richtung Rücken ziehen und wieder lösen	Sätze: 3 Wdh: 12 TUT: 2/1/2 Pause: 10 sek	Natürliche Wirbelsäulen-form beibehalten, Bauch und Gesäß anspannen, Schulterblätter beim zurückziehen zusammen-führen
Kräftigung Rumpfmusku-latur: Rück-seite	Statisch Dia-gonales Arm- und Beinhe-ben im Vierfüßlerstan	Vierfüßlerstand, re./li. Bein gestreckt nach hinten in Verlängerung des Rückens anheben, diagonalen Arm dazu anheben und nach vorne stre-cken, 20 Sekunden halten und	Sätze: 3 Wdh: 1/ Seite TUT: 1/20/1	Oberkörper und gestreck-ter Arm/ Bein ergeben eine Linie, fester Bauch, Blick Richtung Boden

	d	Arm/Bein wechseln	Pause: 10 sek	

Ziel der Übung	Übungsbe- zeichnung/ Name der Übung	Übungsbeschreibung	Belas- tungsgefüg e	Bemerkungen/ Hinweise
Kräftigung Rumpfmusku- latur	Statischer Unterarmstütz	Ellenbogen unter Schulter, Unterarme liegen fest auf dem Boden, Beine nach hinten strecken, Knie und Becken vom Boden abgehoben	Sätze: 3 Wdh: 1 TUT: 1/45/1 Pause: 10 sek	Bauch fest, Beine ge- streckt, Rücken gerade bzw. natürliche Wirbelsäu- lenform beibehalten
Kräftigung Rumpfmusku- latur: Rück- seite und Gesäßmusku- latur	Dynamisches Arm- /Beinheben diagonal in Bauchlage	Bauchlage, Arme über den Kopf ge- streckt, Beine lang, Blick Richtung Boden, Arme und Beine anheben und re./li. Arm mit diagonalem Bein ein Stück höher ziehen, wieder senken und anderen Arm/Bein heben, senken	Sätze: 3 Wdh: 20/ Seite TUT: 1/0/1 Pause: 10 sek	Rücken fest und ange- spannt, Blick bleibt die ganze Zeit Richtung Boden, gleichmäßig atmen
Kräftigung seitlicher Rumpfmusku- latur	Dynamischer Seitstütz	Seitenlage, Beine gestreckt, Oberkör- per auf Unterarm abgestützt, Ellenbo- gen unter der Schulter, Hüfte maximal heben und senken bis kurz vor dem Boden	Sätze: 3 Wdh.: 10x rechts, 10x links TUT: 1/0/1 Pause: 15 sek	Körperspannung und natürliche Wirbelsäulen- form beibehalten, Blick nach vorne
Kräftigung Rumpfmusku- latur: Vorder- seite bzw Bauchmusku- latur	Dynamisches Oberkörper- heben in der Rückenlage	Rückenlage, Beine sind angewinkelt und aufgestellt, Hände an den Schlä- fen, Ellenbogen zeigen nach außen, Schultergürtel bis zur Lendenwirbel- säule aufrollen und wieder abrollen	Sätze: 3 Wdh: 15 TUT: 2/0/2 Pause: 10 sek	Kopf angehoben, Kinn eine Faustbreite vom Brustbein entfernt, Bauchmuskulatur ange- spannt, gleichmäßig atmen

Tabelle 6: Cool Down und Abschluss

Phase 4: Cool Down Dauer: 8 Minuten (mit Musik, 90 bpm)				
Ziel: Erhaltung Beweglichkeit, Einleitung Regeneration, Steigerung Wohlbefindens, runder, ruhiger Ausklang der Stunde				
Ziel der Übung	Übungsbe- zeichnung/ Name Übung	Übungsbeschreibung	Belas- tungsgefüg e	Bemerkungen/ Hinweise
Dehnen der rückseitigen Rumpfmusku- latur	Dehnung Rückenstre- cker, Vierfüßlerstan d	Vierfüßlerstand, Bauchmuskulatur anspannen, Bauchnabel ist eingezo- gen, Wirbelsäule Richtung Decke wölben und halten (ca. 30 sek.)	Sätze: 3 Wdh: 1x 30 sek. Pause: 10 sek.	Kontrollierte Übungsaus- führung, mit dem Einat- men die Wirbelsäule wölben, dann gleichmäßig weiteratmen

15

Ziel der Übung	Übungsbe-zeichnung/ Name der Übung	Übungsbeschreibung	Belas-tungsgefüge	Bemerkungen/ Hinweise
Dehnen der vorderen Rumpfmusku-latur	Kobra	Bauchlage, Hände vor Schultern stützen, Arme strecken und somit Oberkörper anheben, Becken sinken lassen (30 sek. halten)	Sätze: 3 Wdh: 1x 30 sek. Pause: 10 sek.	Kontrollierte Übungsaus-führung, Becken ist knapp über dem Boden, Blick geradeaus, gleichmäßig atmen
Dehnen der seitlichen Rumpfmusku-latur	Dehnung seitlicher Rumpfmusku-latur, statisch	leichter Grätschstand zur Seite, Hände gestreckt über dem Kopf verschränkt Oberkörper leicht zur Seite neigen und dort halten (ca. 30 sek.)	Sätze: 3 Wdh.: 1 x 20 Sek. Rechts, 1 x 20 sek. Links, Pause: 10 Sek.	Kontrollierte und langsa-me Übungsausführung, Brustkorb aufgerichtet, Becken stabil und gerade
Dehnen der Schulterblatt-fixatoren	Dehnung der Schulterblattfi-xatoren	Schulterbreiter Stand, Knie leicht gebeugt, Hände vor der Brust ver-schränken und nach vorne drücken, Schulterblätter von Wirbelsäule weg-ziehen und Kopf nach vorne senken	Sätze: 3 Wdh.: 1x 30 Sek. Pause: 10 Sek	Kontrollierte und langsa-me Übungsausführung, Schultern tief, gleichmä-ßig atmen
	Ende der Stunde	Die Arme seitlich über den Kopf he-ben dabei tief einatmen und beim senken wieder ausatmen	Sätze: 1 Wdh. : 3x Pause: -	Langsam und tief atmen

Phase 5: Abschluss   Dauer: 1 Minuten (ohne Musik)

Verabschiedung der Teilnehmer, für die Teilnahme danken und auf weitere Angebote im Studio hinweisen.

4.4 Begründung

Im Folgenden wird begründet, warum die Übungen im Hauptteil der Wirbelsäulengym-nastik in der aufgeführten Reihenfolge durchgeführt werden.

Zuerst wird im Stehen die Rückenmuskulatur trainiert, durch dynamisch und statische Übungen in vorgebeugter Position. Danach folgt die Übergang rückengerecht in den Kniestand, wo ebenfalls Übungen zur oberen und unteren Rückenmuskulaturstärkung durchgeführt werden. Anschließend wird im Vierfüßlerstand und im Unterarmstütz wei-ter trainiert, bis man in der Bauchlage angekommen ist. Aus dieser Position wird sich lediglich für eine Übung noch auf den Rücken gedreht. Im angehängten Cool Down kommt man dann über verschiedene Dehn- und Atemübungen wieder zurück in den Stand.

Die grundlegende Methodik ist der Weg von stehenden Positionen in die liegenden Positionen. Bedeutet, dass die Übungen so ausgewählt werden, dass ein flüssiger Übergang vom Stehen ins Liegen erfolgen kann. Es würde viel Zeit kosten, wenn man mit einer Standübung beginnt, dann eine im Liegen folgt und anschließend wieder eine im Stand. Nach jeder Liegeübung müsste man wieder rückengerecht in den aufrechten Stand kommen und zurück. Durch das wiederholte Hoch und Runter, kann es außerdem bei einigen zu Kreislaufproblemen oder Schwindel kommen, da der Kopf abwechselnd über dem Herz und wieder darunter gehalten wird.

Desweiteren wurde nach der Methode vom Einfachen zum Komplexen gearbeitet. Es wird mit leichten Armbewegung im Stehen begonnen, wo der Rest des Körper nur stabilisiert werden muss. Danach folgen etwas komplexere Übungen, wo auch die Beine oder die Wirbelsäule selbst an der Bewegung beteiligt ist und nicht mehr nur gehalten wird.

5 Literaturverzeichnis

Eifler, C. (2017). *Studienbrief Gruppentraining I – Kraft* (Rev. 16.019.000).
Saarbrücken: Deutsche Hochschule für Prävention und Gesundheitsmanagement

Eifler, C. (2017). *Studienbrief Gruppentraining I – Maximalkraft* (Rev. 16.019.000).
Saarbrücken: Deutsche Hochschule für Prävention und Gesundheitsmanagement

Eifler, C. (2017). *Studienbrief Gruppentraining I – Schnellkraft* (Rev. 16.019.000).
Saarbrücken: Deutsche Hochschule für Prävention und Gesundheitsmanagement

Eifler, C. (2017). *Studienbrief Gruppentraining I – Kraftausdauer* (Rev. 16.019.000).
Saarbrücken: Deutsche Hochschule für Prävention und Gesundheitsmanagement

Eifler, C. (2017). *Studienbrief Gruppentraining I – Ausdauer* (Rev. 16.019.000).
Saarbrücken: Deutsche Hochschule für Prävention und Gesundheitsmanagement

Eifler, C. (2017). *Studienbrief Gruppentraining I – Beweglichkeit* (Rev. 16.019.000).
Saarbrücken: Deutsche Hochschule für Prävention und Gesundheitsmanagement

Eifler, C. (2017). *Studienbrief Gruppentraining I – Koordination* (Rev. 16.019.000).
Saarbrücken: Deutsche Hochschule für Prävention und Gesundheitsmanagement

6 Tabellenverzeichnis

Tabellenverzeichnis